Tão perto do coração

Revisão de texto
Carolina Cunha.

Capa
Ellen Souza.

Diagramação
Cris Spezzaferro

Dados Internacionais de Catalogação na Publicação (CIP)
Câmara Brasileira do Livro, SP, Brasil)

CUNHA, Carolina.
Tão perto do coração / Carolina Cunha - 1ª Ed. Belo Horizonte, MG, Brasil.
Publicação independente.

52p.

ISBN: 978-65-00-37704-0

I.Poesia e Cartas II.Textos

Conforme novo acordo ortográfico da língua portuguesa ratificado em 2008.

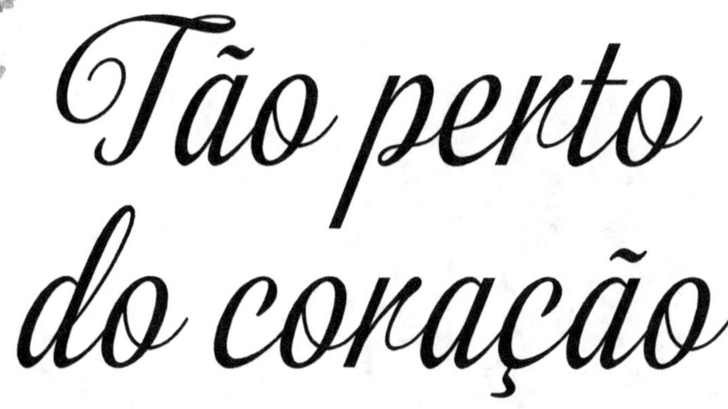

Tão perto do coração

CAROLINA CUNHA

Nunca se ouve falar sobre a morte...

Nem na família, nem na escola, muito menos entre amigos...

Mas quando ela nos "visita" de alguma forma, levando um parente distante ou algum conhecido, apenas ouvimos alguém dizer que "aquela pessoa morreu" e "foi para o céu"...

Parece que a morte sempre está envolta em uma aura de mistérios e segredos, onde não há espaço para reflexões, questionamentos ou indagações...

...

A realidade é que cedo ou tarde a morte bate à nossa porta...

Ela vem e leva embora para sempre alguém que amamos muito...

E essa perda nos faz sofrer indefinidamente...

E nada nem ninguém tem o poder de nos consolar...

...

Mas quando pensarmos na morte, nós devemos, acima de tudo, celebrar a vida:

A vida das pessoas que nós convivemos hoje, no momento presente – São elas que nos ajudam a superar as adversidades, nos ensinam lições, nos apontam caminhos, nos dão amor e carinho e nos acompanham na travessia da vida.

A vida dos que conviveram conosco um dia, no passado, mas que se foram para sempre deste mundo, levados pela morte – Vivemos momentos encantadores repletos de afeto, amor e amizade com estas pessoas tão especiais que um dia estiveram em nossa vida. E o nosso coração se enche de alegria simplesmente pelo privilégio de tê-las um dia conhecido. E ainda que a saudade invada a nossa alma, a fé de que um dia iremos reencontrá-las nos ajuda a prosseguir. E assim seguimos, carregando no coração e na alma as mais belas lembranças...

A nossa própria vida – Nós não estamos aqui neste mundo em vão, somos importantes e existimos, as nossas vidas têm propósito e significado...

...

A vida é uma viagem, uma maravilhosa e fascinante aventura, mas que todos nós sabemos que não durará para sempre.

Então, querido leitor, te peço que viva a sua vida com sabedoria, para que no final dela você tenha mais alegrias para recordar e menos arrependimentos para lamentar.

Ame indefinidamente...

Busque a felicidade nas coisas simples da vida...

Agradeça simplesmente por estar vivo...

Realize os seus sonhos...

E nunca, mas nunca mesmo, deixe de dizer eu te amo...

...

Tão perto do coração é um livro para celebrar tudo aquilo que nunca morre: a saudade, a amizade, o respeito, a gratidão, as lembranças e acima de tudo o Amor!

A AUTORA

"Creio que será permitido guardar uma leve tristeza, e também uma lembrança boa; que não será proibido confessar que às vezes se tem saudades; nem será odioso dizer que a separação ao mesmo tempo nos traz um inexplicável sentimento de alívio, e de sossego; e um indefinível remorso; e um recôndito despeito.

E que houve momentos perfeitos que passaram, mas não se perderam, porque ficaram em nossa vida; que a lembrança deles nos faz sentir maior a nossa solidão; mas que essa solidão ficou menos infeliz: que importa que uma estrela já esteja morta se ela ainda brilha no fundo de nossa noite e de nosso confuso sonho? "

RUBEM BRAGA.

jeszcze dość słabo, więc z trudem
opowieści, o które nie miałam śmia

Michałek stał   nie Mi
mnie pocałow
dojrzałą wiśn
łam łapczywi
że to się zara
spodoba, że n
łam to wszystk
Jakby całując m
której białe korzo
wilgoci, a rozłożyst
znane dotąd m

le ty możesz mieć, dziecko, problemy – śmieje się
a, bo babci problemy zaczynają się od metra sześć
dziesięciu kilogramów lub od osiemnastu
am życie lekkie jak piórko.
cję,   sobie, siedząc na parapecie,
ć i nic szczególnie by się

Sofrimento

E pensar que nós nunca mais estaremos juntos...

Nunca mais conversaremos...

Nunca mais verei a sua face...

Dói tão fundo, ao ponto de me faltar lágrimas...

Eu perdi uma das pessoas mais especiais

E encantadoras que surgiu em minha vida.

Eu me apaixonei por ele.

Ele me fez sentir humana de novo,

Como se eu tivesse valor e significado no mundo.

Do livro "Amor de Vidro", Carolina Cunha.

Querido,

Você foi a minha luz na escuridão...

A minha paz em meio às incertezas...

A alegria quando eu queria chorar...

O abraço macio e reconfortante...

O amor genuíno e a felicidade verdadeira...

Do fundo da minha alma, eu quero te agradecer:

Você foi muito bom para mim...

Extremamente amoroso e dedicado...

Presente em todos os momentos...

Um companheiro para todas as horas...

Eu fui muito feliz ao seu lado...

E eu sei e sempre soube que você foi o único homem que me amou de verdade...

Eu só quero que você me perdoe pelos meus erros tentando acertar...

Pela minha insensatez em não te compreender...

Pela minha pequenez quando eu não consegui te ajudar...

Eu só peço a Deus e aos anjos que te iluminem e te guiem no caminho da luz...

E que cedo ou tarde possamos nos reencontrar...

Do livro "Amor & Solidão", Carolina Cunha.

Carolina Oliveira da Cunha nasceu em Belo Horizonte, Minas Gerais, Brasil. É licenciada em Letras pela Puc Minas. Desde criança é apaixonada pela leitura, tendo como escritores favoritos Virgínia Woolf, Katherine Mansfield, Sylvia Plath, Emily Dickinson, Alejandra Pizarnik, Adélia Prado, Henriqueta Lisboa, Érico Veríssimo e Carlos Drummond de Andrade. Acredita no amor acima de tudo. Ama espanhol, poesia e concertos de orquestra.

Em janeiro de 2020 lançou o seu primeiro livro intitulado "Amor de Vidro", composto de poemas, textos e cartas.

Em março de 2021 lançou o seu segundo livro intitulado "Amor & Solidão", também composto de poemas, textos e cartas.

Instagram: @carolinacunhaescritora
Email: carolinacunhabh@gmail.com

Dedico este livro a Carlos Alberto Silva, amor além da vida.

Poemas, textos e cartas.

Mãos limpas

Um dia todos os segredos serão revelados...

E tudo o que foi escondido virá à tona...

Ainda que em meio a sofrimentos, privações, indiferença e dor,

é a única forma de, ao menos uma vez na vida, se fazer justiça...

Ao menos uma vez na vida, ser ouvida...

Ao menos uma vez na vida, existir...

Asas quebradas

Teve a vida ceifada

O anjo interrompido...

Agora dorme eternamente

Sem preocupações ou reticências...

Plácido, plácido, plácido...

Lívido, lívido, lívido...

Encantado no mundo dos sonhos,

Sonha um sonho que nunca termina.

19

Uma carta de amor, perdão e gratidão

Eu deveria ter cuidado de você

Como você cuidou de mim...

Eu deveria ter te protegido

Como você me protegeu...

Ah, querido...

Eu falhei com você...

Eu te fiz chorar e sofrer...

Eu ainda te amo...

Tanto...

Como nos primeiros dias...

A sua ausência dói profundamente em mim...

Se eu pudesse puxar a alavanca do tempo

E voltar ao passado

Onde nós fomos tão felizes...

Se eu pudesse te resgatar

Do mundo dos mortos

E te trazer de volta à vida...

O sofrimento que eu sinto é muito grande...

Mas eu sei que a morte não é o fim...

Nós vamos nos reencontrar um dia...

E seremos felizes novamente...

Eu te prometo, querido...

Espere por mim...

Por favor, espere por mim...

Uma carta de amor e solidão

Desde que você se foi, a minha vida não tem mais sentido...

Eu não tenho mais ninguém neste mundo...

Eu só tinha você...

E o seu amor...

E isso me bastava...

Ah, querido...

Eu sinto tanto medo...

Eu sinto tanta solidão...

Eu vejo incompreensão e indiferença nos olhos daqueles que me cercam...

E quando você partiu...

Ninguém perguntou como eu me sentia...

Ninguém se preocupou com a minha dor...

Eu estou sozinha...

Eu estou sozinha no mundo...

Eu preciso tanto de você...

Venha me buscar...

Me leve para junto de ti...

Por favor, venha me buscar...

Por favor, me leve para junto de ti...

A tempestade veio...

Mergulhamos na dor e no sofrimento...

Os nossos sonhos se despedaçaram...

Os nossos corações se partiram...

Choramos tanto...

Sofremos tanto...

Nos calamos...

...

O tempo passou...

Nos afastamos um do outro...

E nos perdemos de nós mesmos...

...

Mas nós não somos culpados de tudo...

Se erramos foi tentando acertar...

Fizemos o que acreditávamos ser o certo naquele momen-
to...

O destino agiu de uma forma que nós não pudemos con-
trolar...

Pois as cartas que a vida nos deu, ela mesma se encarregou
de embaralhá-las...

...

Fomos perdendo o equilíbrio, o diálogo e a sensatez...

Tentamos tantas vezes reconstruir os nossos sonhos, os nossos planos e o nosso amor...

Mas não conseguimos...

O que nos faltou?

E onde falhamos?

...

Agora só restam perguntas...

Perguntas sem respostas...

Pois você foi embora...

A morte veio e te levou para longe de mim...

E eu tinha tanto para lhe dizer...

Eu não queria que a nossa história tivesse terminado assim...

...

Ah, querido...

Eu sinto tanto a sua falta...

Mas eu sei que você está aqui...

Tão perto de mim...

Ainda que eu não possa te ver...

Ainda que eu não possa te tocar...

Você está aqui...

Nos meus sonhos, nas minhas lembranças e no meu cora-
ção...

...

Um dia nós nos veremos novamente...

Eu te prometo, querido...

Não se esqueça de mim...

Por favor, não se esqueça de mim...

24

Mistério

E quando a morte vem
É inevitável perguntar:
Por que estamos aqui?
E qual o sentido de tudo?

Melancolia

Nos seus olhos se vê a sombra da tristeza...

Carrega a dor do luto com uma rigidez cadavérica...

É uma tristeza intocável, melancólica e por vezes incompreensível...

Os olhos sempre marejados...

A cabeça baixa...

O olhar distante...

Ela olha pela janela...

Parece estar esperando o amor...

Ou talvez a morte...

A solidão lhe toca os cabelos...

A desilusão lhe abraça a alma...

Ela está cansada...

Ela não quer mais continuar neste mundo...

Ela já não vê a luz no fim do túnel...

A alegria do seu rosto se apagou desde que o seu amado se foi...

O coração entorpecido...

A alma dormente...

A mulher revestida em um corpo de areia...

Areia movediça...

Que aos poucos está se dissolvendo...

Na tempestade...

E com o sopro do vento...

Ela não está aqui...

Ela não está mais aqui...

Ainda que o seu corpo esteja vivo...

Ainda que os seus pés caminhem por este mundo...

Para ela tudo perdeu o sentido...

E já não vê a beleza das coisas...

Ela acredita estar presa em uma peça de teatro...

Onde nada é real e tudo é inventado...

Ela quer fugir...

Mas as cortinas do espetáculo nunca se abrem...

A sua tristeza não pode ser disfarçada...

Na dor não há encenação...

Ela quer gritar...

Mas já não há quem queira ouvi-la...

Ela está sozinha...

No seu lamento...

Na sua dor...

Como um fantasma que vaga pelas sombras...

Buscando eternamente resgatar...

O passado onde um dia foi feliz...

Despedida

De olhos fechados

Ela entra no túnel...

E atravessa as paredes...

E mergulha nas águas...

E dissolve no limbo...

Enfim, invisível.

Ausência

O luto que perdura indefinidamente...

Como o amor...

Como a mágoa...

Como a dor...

Uma carta de perdão, arrependimento e dor

Você queria ser feliz...

Mas neste mundo nem todos te compreendiam...

Alguns te achavam estranho, inadequado e melancólico...

E também haviam aqueles que te julgavam sem ao menos te conhecer...

Mas você tinha um dom especial de cativar pessoas e fazer amigos...

Aqueles que estavam dispostos a te conhecer e te enxergar realmente conseguiam ver alguém puro, ingênuo, nobre, com o coração repleto de amor, sempre disposto a ajudar os outros, a dizer uma palavra confortadora, a se compadecer daqueles que também foram julgados e também sofriam...

...

Observando o seu interior, eu sei que você estava triste...

Você não conseguia expressar com palavras o que sentia, mas o seu olhar não conseguia esconder que algo não estava bem...

É como se você tivesse uma tristeza profunda no fundo da alma e que, pouco a pouco, ela te sufocava, te entorpecia, te consumia...
Eu sei que no fim você já estava muito cansado...
E não queria mais continuar aqui...
A vida te pregou algumas peças dolorosas, meu amigo...
E você não estava mais conseguindo carregar o peso de tantas angústias, desilusões e sofrimentos...
O vício foi apenas uma fuga...
Você queria, ao menos por alguns instantes, mergulhar na ilusão e escapar um pouco da realidade que tanto te oprimia...
...

Querido, por favor me perdoe...
Me perdoe por eu não ter conseguido te ajudar...
Me perdoe por eu não ter estado ao seu lado quando você mais precisou de mim...
Me perdoe por eu não ter enxergado a tempo que uma terrível catástrofe se aproximava de nossas vidas...
...

Eu sinto tanta dor pela sua partida...
E todos os dias lágrimas escorrem no canto dos olhos...

E todos os dias pontadas de sofrimento entranham na alma...

...

Mas ainda que o meu coração sangre e a dor da sua ausência me dilacere por dentro...
Eu me consolo em saber que todo o seu sofrimento já se acabou...
Pois agora você é livre...
Você é livre como tanto desejou...
E se eu puder te pedir ao menos uma coisa...
Te peço que seja feliz...
Onde quer que esteja...

...

E mesmo distantes fisicamente nós estamos ligados pelo amor...
E pelos laços do coração...
Pois os sentimentos da alma nunca morrem...

Eu te amo...

Sempre...

E tanto...

À espera

Separei uma cadeira para você...

Aqui na mesa de jantar...

Este será o nosso lugar de encontro...

De reencontro...

De comunhão...

Venha quando quiser...

Eu deixarei a mesa sempre posta...

E no arranjo as flores que você gosta...

Para abrilhantar o nosso amor...

O iluminado

Jaiminho não varre mais as folhas que caem da árvore em nossa garagem...

Jaiminho não sai mais correndo pela rua levando a mochila que eu esqueci para trás a caminho da escola...

Jaiminho no céu hoje dança, canta, lê e escreve...

Jaiminho agora é mais feliz do que nunca...

...

Jaiminho foi criado na roça, junto ao meu pai e aos seus irmãos...

Jaiminho trabalhava duro, e por isso não pôde estudar...

Jaiminho tinha um coração de ouro!

Ele nunca reclamava de nada, agradecia por tudo e estava sempre sorrindo...

Tia Leinha contava que quando a vó Maria morreu ele permaneceu o tempo todo ao lado do seu caixão...

Talvez esta foi a forma que ele encontrou para agradecê-la por tê-lo criado...

Jaiminho, com toda a sua humildade, tinha muito amor...

Um amor puro e genuíno que cria laços...

A Jaime Teixeira Lima, meu querido amigo.

A rainha

Tia Leinha tinha os olhos mais lindos que já vi...

Eram de um azul brilhante, luminoso e forte, como o oceano...

Na casa dela nunca faltava a quitanda...

Lá sempre tinha pão, rosca, bolo de fubá, biscoito de polvi-

lho e um cafezinho gostoso passado na hora...

...

Titia tinha muita dedicação pela família...

Ela sempre que podia vinha nos visitar e quando não era

possível nos telefonava para saber se estávamos bem...

Eu queria que ela tivesse sido a minha madrinha...

Pois ela era muito amorosa e legal...

E sempre foi a minha tia preferida...

...

Tia Leinha sempre dizia que ninguém a procurava...

E que não faziam muita questão dela por ser pobre...

Eu não sei de fato o que os outros pensavam...

Mas para mim ela era importante...

No meu coração ela era uma rainha!

...

Já no fim da vida, cansada e doente, caminhando com difi-
culdade com a ajuda de um andador, ela veio aqui em casa
visitar o meu pai...
Nesse dia eu chorei...
Eu me senti tão comovida...
Ela fez um esforço enorme para estar aqui...
Ela realmente amava mais do que tudo a sua família...
...

Tia Leinha era uma mulher muito nobre...
Ela não fazia distinção entre os sobrinhos de sangue e os
sobrinhos do coração...
Para ela todos eram os seus queridos e amados sobrinhos...
...

Quando tia Leinha morreu eu chorei muito...
E ninguém aqui em casa foi no velório e no enterro dela...
...

No dia do seu velório, eu queria ter lhe enviado uma coroa
de flores...
Mas eu não tinha dinheiro para comprá-la...
E mais uma vez eu chorei...
Eu chorei muito...

Me senti desumana e miserável...

Tia Leinha merecia muito aquelas flores...

Tia Leinha merecia as flores mais lindas do mundo!

...

Tia Leinha hoje está no céu...

Feliz e radiante junto aos seus pais e irmãos...

A vida foi dura com ela...

Mas ela cumpriu sua missão...

A Hélia da Cunha Câmara, minha querida tia.

Entre dois mundos

No jazigo perpétuo repousa o corpo...

Mas a sua alma está longe, muito longe...

Tão livre como nunca havia sido antes...

Dissolveu-se os sofrimentos...

Dissipou-se as angústias...

Encerrou-se as preocupações...

O corpo inerte está tranquilo e sereno...

Descansa em sua própria finitude...

...

A alma é límpida e transparente...

Como a imagem refletida no espelho...

E carrega as lembranças de toda uma vida...

A alma é frágil e delicada...

E vê o mundo com os olhos do etéreo...

Em uma amplidão de sentidos...

...

É sutil a comunicação entre os dois mundos...

Se os mortos falam, os vivos não conseguem escutar...

Só é possível sentir um torpor...

Como um leve palpitar...

Uma emoção que aos poucos acomete todo o coração:

A chama incandescente do amor...

Uma carta de amor e saudade

18/11/2021

Hoje faz um ano que você partiu...

Ah, querido...

Eu sofri muito...

Eu chorei tanto...

Mas agora parece que eu comecei a me conformar...

Acho que a vida e o tempo aos poucos vão colocando tudo em seu lugar...

E eu passei a não me revoltar mais contra o destino...

E a compreender que a sua partida foi a vontade de Deus...

E eu só posso respeitar...

E aceitar...

Ainda que me doa profundamente...

E eu sinta a sua falta todos os dias...

Mas agora eu deixarei você ir...

Agora eu deixarei você descansar...

Mas você seguirá sempre aqui...

Guardado no fundo do coração e da alma...

Como uma bonita e doce lembrança...

E eu vou continuar seguindo do lado de cá...

Até que um dia a gente possa se reencontrar...

Eu devo continuar a minha jornada...

Pois a vida continua, não é mesmo?

Nós não podemos lutar contra a natureza...

E impedir o fluxo natural da vida e da morte...

A vida é assim...

Com os seus começos e os seus finais...

Com as suas tristezas e as suas alegrias...

Com os seus romances e as suas tragédias...

Serei feliz novamente?

Eu não sei...

Mas prometo ser resiliente...

Prometo aceitar as provas, as alegrias, os sofrimentos, as dificuldades e as amarguras...

Prometo não desistir, ainda que o meu coração queira sempre partir...

Agora eu te deixo ir...

(Não sem lágrimas) ...

Elas insistem em escorrer no canto dos olhos...

Eu te deixo ir...

(Não sem dor) ...

O coração está machucado e apertado...

Te deixo ir...

Mas leve contigo todo este imenso amor que eu tenho para ti...

Eternidade

Só Deus sabe como eu o amei...

E ainda o amo...

Carlos

Você foi tão bom para mim como ninguém havia sido an-
tes...
Você me deu tanto amor e eu pude ver e sentir pela pri-
meira vez o que é a felicidade...

Carolina

Tão perto do coração

Estou à espera de um sinal...

Apenas um sinal...

Para que eu possa mergulhar...

Nas águas profundas e cristalinas do sonho...

E fazer a grande viagem...

Rumo ao seu encontro...

Neste momento quero me despojar de tudo...

Já me desfaço, lentamente, do mundo material e supérfluo

que me pesa os ombros...

Eu quero apenas ser livre...

Quero a simplicidade e a leveza

das asas da borboleta...

E por um instante imaginar...

Que o nosso amor é possível...

Que o destino nos unirá novamente...

Que o nosso sonho interrompido

aos poucos está renascendo...

Eu fecho os olhos por um momento

E vislumbro o nosso reencontro:

Uma luz no fim do túnel...

Uma porta que se abre...

Você caminha em minha direção...

Nossos olhos se encontram e se reconhecem...

A magia acontece...

Você sorri para mim...

Nossas mãos se entrelaçam...

O sol está brilhante...

Um vento suave sopra em nossos rostos...

Sentamos na beira do rio para conversar...

Nós temos tanto a dizer um para o outro...

Parece um sonho...

Estamos juntos...

Finalmente estamos juntos...

E tão perto do coração...

E nada mais importa...

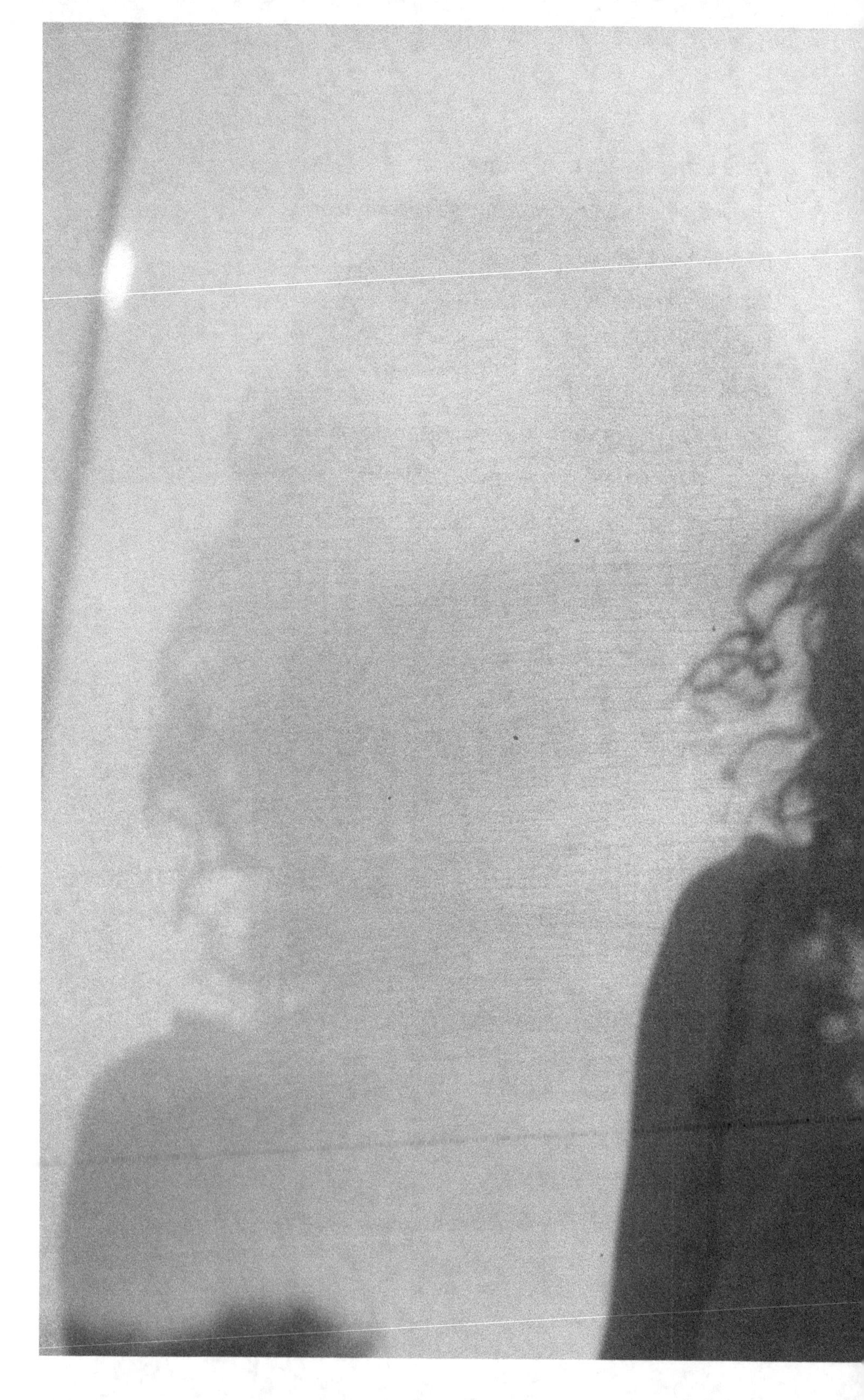

Desencanto

Na vida, o esteio...
Na morte, o esteio...
Esteio, esteio, esteio...

...

No coração desiludido,
A mágoa pungente...

...

No sofrimento que não pode ser estancado,
Uma dor sem reparação...

...

Lágrimas de sangue...
Ausência que dilacera a alma...

...

Flores e espinhos...
Memórias inacabadas...
Um amor que não se apaga...

Fim